INSTITUT COLONIAL INTERNATIONAL

Bureau : 19, rue de la Régence, Bruxelles

# COMPTE-RENDU

DES

SÉANCES TENUES A BRUXELLES

les 28 et 29 Mai 1894

PRÉCÉDÉ DES

# STATUTS & RÈGLEMENT

BRUXELLES
TYPOGRAPHIE-LITHOGRAPHIE POPULAIRE
36, Rue de Longue-Vie, 36
1894

INSTITUT COLONIAL INTERNATIONAL

Bureau : 19, rue de la Régence, Bruxelles

# COMPTE-RENDU

DES

SÉANCES TENUES A BRUXELLES

les 28 et 29 Mai 1894

PRÉCÉDÉ DES

# STATUTS & RÈGLEMENT

BRUXELLES
TYPOGRAPHIE-LITHOGRAPHIE POPULAIRE
36, Rue de Longue-Vie, 36
1894

# INSTITUT COLONIAL INTERNATIONAL

## STATUTS

### SECTION I

### But de l'Institut

ARTICLE PREMIER

L'Institut colonial international est une association exclusivement scientifique et sans caractère officiel.

Il a pour but :

1° De faciliter et de répandre l'étude comparée de l'administration et du droit des colonies ; en particulier :

Des différents systèmes de gouvernement des colonies (possessions, protectorats, etc.),

De la législation coloniale, en tant qu'elle peut intéresser, soit plusieurs colonies déterminées par des mesures arrêtées en commun, soit toutes les colonies par l'importance des problèmes résolus,

Des ressources des diverses colonies, de leur régime économique et commercial, etc., etc.

2° De créer des relations internationales entre les personnes qui s'occupent d'une façon suivie de l'étude du droit et de l'administration des colonies, — hommes politiques, administrateurs, savants, — et de faciliter l'échange des idées et des connaissances spéciales entre hommes compétents.

3° D'organiser, le plus rapidement possible, un bureau international de renseignements qui réunira, classera et conservera ce qui se publie de meilleur et surtout les documents officiels à la fois sur l'administration et le droit des colonies, et se mettra en état de fournir les informations qui lui seraient demandées.

ARTICLE 2.

Pour atteindre ce but, l'institut :

1° Assurera, sous son autorité et sous sa direction, la publication, chaque année, d'au moins un et, si ses ressources le lui permettent, de plusieurs volumes contenant des lois, des règlements, des traités et autres documents officiels, d'un intérêt général ou jugés de nature à intéresser les différentes colonies. Ces volumes seront publiés, autant que possible, comme tous les documents émanés de l'Institut, à la fois en anglais et en français et accompagnés, s'il est nécessaire, d'une introduction et de notes explicatives.

Ces volumes formeront une Bibliothèque, qui prendra le titre de « *Bibliothèque Coloniale Internationale.* »

2° Préparera, aussitôt qu'il sera d'avis que le moment

est propice, une *Revue Coloniale Internationale* contenant des articles d'un intérêt général pour les colonies de toutes les nations.

3° Tiendra chaque année au moins une session pour la discussion des différentes questions coloniales d'un intérêt général et, autant que possible, actuel — discussion préparée par des rapports de membres indiqués dans la session de l'année précédente.

4° Organisera le bureau de renseignements prévu par l'article 1er, 3°.

## SECTION II

## Composition de l'Institut

### ARTICLE 3.

L'Institut se compose de membres effectifs, de membres honoraires, de membres associés, de membres correspondants.

### ARTICLE 4.

Les membres effectifs sont nommés par les membres effectifs de l'Institut et choisis parmi les personnes qui se sont distinguées soit dans la politique coloniale, soit dans le service colonial de chaque nation, soit par des études sur le droit, l'économie politique et l'administration des colonies.

Le nombre des membres effectifs ne peut dépasser soixante, mais il ne doit pas nécessairement atteindre ce chiffre.

ARTICLE 5.

L'Institut fixe la répartition des membres de l'Institut entre les diverses nationalités.

Cette répartition est pour le moment déterminée comme suit :

| | |
|---|---|
| Allemagne | 5 |
| Amérique latine | 3 |
| Angleterre | 11 |
| Belgique | 3 |
| Danemark | 2 |
| Espagne | 3 |
| États-Unis | 3 |
| France | 7 |
| Italie | 3 |
| Pays-Bas | 6 |
| Portugal | 3 |
| Russie | 5 |
| Attributions ultérieures | 6 |
| TOTAL | 60 |

Il ne peut être attribué par une élection nouvelle aux ressortissants d'un même État ou d'une confédération d'États, un nombre de places dépassant le cinquième du nombre total des membres effectifs existant au moment de cette élection.

ARTICLE 6.

Le titre de membre honoraire est conféré à quiconque, personne morale ou particulier, fait à l'Institut un don de 1,000 francs au minimum.

### ARTICLE 7.

Les membres associés sont choisis par les membres effectifs parmi des personnes n'habitant pas les colonies, dont les connaissances spéciales peuvent être utiles à l'Institut. Ils peuvent faire partie des commissions spéciales prévues par l'article 15, assister aux séances de l'Institut et prendre part aux discussions relatives aux travaux préparés par les commissions auxquelles ils appartiennent.

### ARTICLE 8.

Les membres correspondants sont choisis par le bureau parmi des personnes habitant les diverses colonies, qui, soit par leur position, soit par leurs études spéciales, peuvent et veulent rendre service à l'Institut en donnant des renseignements sur la colonie où elles demeurent, ou en procurant à l'Institut les documents dont il aura besoin.

Si, pour un motif quelconque, ces membres correspondants quittent pour plus de deux ans la colonie qu'ils habitent, ils cessent d'être membres correspondants.

## SECTION III

## **Travaux de l'Institut**

### ARTICLE 9.

Le siège de l'Institut est fixé à Bruxelles. L'assemblée des membres effectifs peut décider le transfert du siège social dans une autre ville.

L'Institut est représenté par un Bureau international composé de : 1 président, 2 vice-présidents, 1 secrétaire général.

Le président et les deux vice-présidents seront élus pour la première fois par l'assemblée constitutive de l'Institut ; ils resteront en fonctions jusqu'après la clôture de la session suivante.

Dans chaque session, les membres effectifs de l'Institut fixent pour la session suivante le pays, le lieu, la date et dans ses lignes générales, l'ordre du jour, arrêtent le budget et procèdent à l'élection du président et des vice-présidents de cette session.

Nul ne peut être élu de nouveau aux fonctions de président ou de vice-président qu'après un intervalle de trois années.

Le secrétaire général est élu pour cinq ans. Il est indéfiniment rééligible.

Les fonctions de tous les membres du Bureau international sont purement honorifiques.

## ARTICLE 10.

Le Bureau est chargé, dans l'intervalle des sessions, de la gestion de l'Institut. Il peut, quand il le juge convenable ou sur la demande écrite d'au moins cinq membres effectifs, convoquer l'Institut en assemblée générale dans l'intervalle de deux sessions. La lettre de convocation devra indiquer l'ordre du jour de l'assemblée.

## ARTICLE 11.

Le secrétaire général est chargé de la direction du bureau de renseignements prévu par l'article 1er, 3o, de la rédaction des procès-verbaux des séances, de la correspondance pour le service ordinaire de l'Institut et de l'exécution de ses décisions.

Il a la garde des sceaux et des archives.

Il remplit les fonctions de trésorier.

Il est, en outre, chargé, avec le concours d'une commission scientifique de deux à quatre membres nommés, comme lui, pour cinq années, par l'Institut, parmi ses membres effectifs, de la *Bibliothèque Coloniale Internationale* et de la *Revue* publiées par l'Institut.

Par dérogation à ce qui est dit au premier alinéa du présent article, l'Institut pourra décider que la direction du Bureau de renseignements sera confiée à un membre effectif autre que le secrétaire général.

### ARTICLE 12.

Le Bureau peut, sur la proposition du secrétaire général, nommer un ou plusieurs secrétaires, chargés d'aider celui-ci dans l'exercice de ses fonctions ou de le remplacer en cas d'empêchement momentané.

### ARTICLE 13.

L'Institut s'interdit l'examen de toute question pouvant donner lieu à un débat irritant entre nations. Il s'interdit également toute discussion ou vote sur les questions de politique coloniale.

### ARTICLE 14.

En règle générale, dans les séances de l'Institut, les

votes au sujet des résolutions à prendre sont émis verbalement. Exceptionnellement et dans les cas spéciaux le bureau statuant à l'unanimité peut, s'il le juge utile, recueillir les votes des absents par voie de correspondance.

Toutefois, pour l'élection des nouveaux membres effectifs et associés, les absents sont toujours admis à envoyer leur vote par écrit sous pli cacheté.

ARTICLE 15.

L'Institut nomme parmi ses membres effectifs, correspondants et associés, des rapporteurs, ou constitue des commissions pour l'étude préparatoire des questions qui doivent être soumises ultérieurement à ses discussions. La même prérogative appartient au Bureau et, en cas d'urgence, le secrétaire général prépare lui-même des rapports et des conclusions.

## SECTION IV

## Ressources de l'Institut

ARTICLE 16.

Les ressources de l'Institut proviennent :

1° Des cotisations annuelles de ses membres effectifs, fixées à 50 francs, et des cotisations annuelles de ses membres associés, fixées à 25 francs;

2° Des subventions accordées par les gouvernements métropolitains et coloniaux qui voudront seconder les efforts de l'Institut;

3° Des dons de ses membres honoraires;
4° Des fondations et autres libéralités;
5° Du produit des publications de l'Institut.

## SECTION V

## Mesures d'exécution

ARTICLE 17.

Un règlement sera préparé par les soins du Bureau pour l'exécution des présents statuts.

ARTICLE 18.

Les présents statuts pourront être revisés sur la proposition du Bureau ou à la demande écrite de six membres effectifs. Toute proposition de modification aux statuts devra être mise à l'ordre du jour au moins trois mois à l'avance.

Tout changement, pour être adopté, devra réunir au moins les deux tiers des voix des membres présents.

# INSTITUT
# COLONIAL INTERNATIONAL

## RÈGLEMENT

### CHAPITRE PREMIER

### De la nomination des membres effectifs, honoraires et associés

#### ARTICLE PREMIER.

Les candidats aux places de membres effectifs ou associés sont présentés par le bureau sur la proposition de la moitié au moins des membres effectifs du pays auquel appartiennent les candidats, après toutefois que tous les membres effectifs de leur nationalité auront été consultés.

Si le pays auquel appartient un candidat compte moins de deux membres effectifs encore en fonctions, la présentation est faite par le bureau ou par trois membres sans distinction de nationalité.

ARTICLE 2 (1).

Toute proposition de candidature doit être notifiée au secrétaire général au moins trois mois avant l'outure d'une session ordinaire.

ARTICLE 3.

Deux mois au moins avant l'ouverture d'une session, le secrétaire général adresse à tous les membres effectifs la liste des candidatures avec pièces à l'appui et l'invitation de lui renvoyer sous deux plis cachetés distincts deux bulletins de vote, l'un pour l'élection des membres effectifs, l'autre pour celle des associés.

Ces plis cachetés sont remis par le secrétaire général au président de l'Institut qui les ouvre en séance plénière au moment du vote.

ARTICLE 4.

Avant l'élection, une délibération a lieu en séance de l'Institut sur chacune des candidatures.

Il est ensuite procédé successivement à l'élection des membres effectifs et à celle des associés.

Un candidat à une place d'associé peut être élu membre effectif.

(1) Les délais prévus aux articles 2 et 3 ne seront pas de rigueur pour les présentations faites à la session du 28 mai 1894.

ARTICLE 5.

Les élections se font par les membres effectifs au scrutin de liste et en leur seule présence.

Au commencement de l'élection, le président dépose dans l'urne les bulletins envoyés par les absents conformément à l'article 14 des statuts et à l'article 3 du présent règlement.

L'accomplissement de cette formalité est constaté au procès-verbal.

ARTICLE 6.

Sont élus membres effectifs ou membres associés de l'Institut les candidats dont les noms se trouvent sur plus de la moitié des bulletins déposés dans l'urne, à moins que le nombre de ceux qui ont obtenu cette majorité n'excède soit le nombre des places à pourvoir, soit la proportion fixée à l'article 5 des statuts.

Si cet excédent se produit, ceux qui ont obtenu le plus grand nombre de suffrages sont seuls considérés comme élus. L'élimination se fait en ramenant d'abord chaque nationalité à la proportion qu'elle ne doit pas dépasser et ensuite le nombre des membres effectifs et des membres associés à la limite du nombre des places à pourvoir. Dans ces diverses opérations, à égalité de suffrages, le plus âgé des élus l'emporte.

ARTICLE 7.

Le titre de membre honoraire est conféré par les membres effectifs présents en session ; ils décident si la libéralité offerte peut être acceptée.

ARTICLE 8.

Une classification des différentes colonies est faite par les soins du bureau avec indication du nombre des membres correspondants à nommer par lui dans chaque colonie.

## CHAPITRE II

## Du bureau international de renseignements

ARTICLE 9.

Le secrétaire général réunit, dans les limites des ressources affectées à cette fin par le budget, les publications et documents officiels concernant l'administration et le droit dans les différentes colonies.

Il fait tenir un ou plusieurs répertoires généraux dans lesquels sont relatés succinctement tous les faits importants en matière d'administration et de législation coloniales.

ARTICLE 10.

Les membres effectifs, honoraires et associés ont le droit de demander communication des documents ou renseignements que le bureau possède; les membres correspondants ont le droit de consulter les documents sans déplacement ; le secrétaire général décide, dans chaque cas particulier, si ces documents peuvent être communiqués à des tiers.

ARTICLE II.

A l'ouverture de chaque session ordinaire, le secrétaire général présente à l'Institut un rapport sur le fonctionnement du bureau de renseignements.

## CHAPITRE III

## Des sessions annuelles

ARTICLE 12.

Le secrétaire général prend les mesures matérielles nécessaires pour l'organisation des sessions annuelles.

Il rappelle aux membres effectifs et associés deux mois au moins à l'avance, le lieu, la date et l'ordre du jour des sessions.

ARTICLE 13.

Les procès-verbaux des séances, préparés par le secrétaire général, sont signés par le président et le secrétaire général.

# CHAPITRE IV

## De la gestion financière

### ARTICLE 14.

Le trésorier procède au recouvrement des fonds et effectue les dépenses dans les limites du budget arrêté par l'Institut.

### ARTICLE 15.

Il présente à l'ouverture de chaque session ordinaire un rapport financier, ainsi que l'état des comptes; ces derniers sont vérifiés par deux membres désignés par l'Institut, qui font eux-mêmes un rapport dans le cours de la session.

L'approbation des comptes vaut décharge pour le trésorier.

### ARTICLE 16.

En cas de nécessité, le bureau de l'Institut peut opérer des transferts de crédits d'un article à un autre du budget, sans que la somme totale de ce dernier puisse être dépassée.

ARTICLE 17.

Les sommes d'argent disponibles en dehors des crédits prévus par le budget annuel sont converties en titres de premier ordre par les soins du bureau de l'Institut.

## CHAPITRE V

## Des publications de l'Institut

ARTICLE 18.

Les publications de l'Institut sont envoyées gratuitement aux membres effectifs, honoraires et associés. Les membres correspondants qui en exprimeront le désir, recevront également ces publications moyennant une cotisation annuelle de 10 francs, frais de port non compris.

Toute personne étrangère à l'Institut peut recevoir les publications éditées par lui, moyennant une cotisation annuelle déterminée par le bureau international.

# BUREAU

JUSQU'AU 29 MAI 1894

**PRÉSIDENT :**

M. LÉON SAY, membre de l'Académie française, ancien ministre des Finances, Paris.

**VICE-PRÉSIDENTS :**

LORD REAY, ancien gouverneur de Bombay, sous-secrétaire d'État pour les Indes, Londres.

M. FRANSEN-VAN DE PUTTE, membre de la 1re Chambre des États-Généraux, ancien ministre des Colonies, La Haye.

**SECRÉTAIRE GÉNÉRAL :**

M. CAMILLE JANSSEN, gouverneur général honoraire de l'État Indépendant du Congo, ancien secrétaire d'État des Finances, Bruxelles.

# BUREAU

JUSQU'A LA SESSION DE 1895

**PRÉSIDENT :**

M. FRANSEN-VAN DE PUTTE, membre de la 1re Chambre des États-Généraux, ancien ministre des Colonies, La Haye.

**VICE-PRÉSIDENT :**

S. A. LE PRINCE DE HOHENLOHE-LANGENBURG, président de la Chambre des Seigneurs, président de la Deutsche Kolonial-Gesellschaft, Stuttgart.

**SECRÉTAIRE GÉNÉRAL :**

M. Camille Janssen, gouverneur général honoraire de l'État Indépendant du Congo, ancien secrétaire d'État des finances, Bruxelles.

# COMMISSION SCIENTIFIQUE

Sir Alfred Lyall, ancien lieutenant-gouverneur des provinces du Nord-Ouest (Indes) et membre du Conseil des Indes.

M. P. A. Van der Lith, professeur de droit colonial à l'Université de Leyde.

M. J. Chailley-Bert, publiciste, Paris.

M. Oscar Lenz, professeur à l'Université de Prague.

---

# LISTE

## DES MEMBRES DE L'INSTITUT

## MEMBRES EFFECTIFS :

### ALLEMAGNE.

S. A. LE PRINCE DE HOHENLOHE-LANGENBURG, président de la Chambre des Seigneurs, président de la Deutsche Kolonial-Gesellschaft, Stuttgart.

M. VON DER HEYDT, président de la Société Allemande de l'Est de l'Afrique.

M. H. HERZOG, docteur en droit, ancien secrétaire d'État, directeur de la Compagnie de Nouvelle-Guinée.

### AMÉRIQUE LATINE.

BARON DE RIO-BRANCO, consul général du Brésil à Liverpool.

### ANGLETERRE.

LORD REAY, G. C. S. I., G. C. I. E., L. L. D., ancien gouverneur de Bombay, sous-secrétaire d'État pour les Indes, président de la Société royale Asiatique, membre de l'Institut de droit international, Londres.

SIR ROBERT HERBERT, G. C. B., agent général pour la Tasmanie, ancien sous-secrétaire d'État au département des Colonies.

SIR ALFRED LYALL, K. C. I. S., D. C. L., ancien lieutenant-gouverneur des provinces du Nord-Ouest (Indes) et membres du Conseil des Indes.

HONORABLE GEORGES CURZON, M. P., ancien sous-secrétaire d'État pour les Indes.

### AUTRICHE-HONGRIE

Dr OSCAR LENZ, professeur à l'Université de Prague.

### BELGIQUE.

M. CAMILLE JANSSEN, gouverneur général honoraire de l'État Indépendant du Congo, ancien secrétaire d'État des finances.

MAJOR THYS, officier d'ordonnance du Roi, directeur des Sociétés Belges au Congo.

### ESPAGNE.

M. ANTONIO-MARIA FABIÉ, sénateur du Royaume, ancien ministre d'Ultramar, président du Conseil des Philippines.

### FRANCE.

M. LÉON SAY, membre de l'Académie française, ancien ministre des Finances.

PRINCE AUGUSTE D'ARENBERG, député, président du Comité de l'Afrique française.

M. PAUL LEROY-BEAULIEU, membre de l'Institut, professeur au Collège de France.

M. E. LEVASSEUR, membre de l'Institut, professeur au Collège de France et au Conservatoire des Arts et Métiers.

M. FÉLIX FAURE, ministre de la Marine.

M. P. CAMBON, ambassadeur de France à Constantinople, ancien résident général de Tunisie.

M. J. CHAILLEY-BERT, publiciste.

### ITALIE.

DUC DE SERMONETA, prince de Teano, sénateur du Royaume, vice-président de la Société de Géographie, Rome.

MARQUIS GIACOMO DORIA, président de la Société de Géographie de Gênes.

### PAYS-BAS.

M. FRANSEN-VAN DE PUTTE, membre de la 1re Chambre des États Généraux, ancien ministre des Colonies.

Dr P. A. VAN DER LITH, professeur de droit colonial à l'Université de Leyde.

Dr PIJNACKER-HORDIJCK, ancien gouverneur général des Indes, membre de la 1re Chambre des États Généraux.

M. N. G. PIERSON, ancien ministre des Finances.

BARON VAN DEDEM, ancien ministre des Colonies.

M. N. P. VAN DEN BERG, président de la Banque Néerlandaise, à Amsterdam.

### PORTUGAL.

COMTE DE VALENÇAS, envoyé extraordinaire et ministre plénipotentiaire à Lisbonne.

### RUSSIE.

M. F. DE MARTENS, membre permanent du Conseil du ministère des Affaires Étrangères à Saint-Pétersbourg.

## MEMBRES ASSOCIÉS :

### PAYS-BAS.

JHR ELOUT VAN SOETERWOUDE, docteur en droit, La Haye.

M. J. VAN DE PUTTE, docteur en droit, La Haye.

COMTE DE LIMBURG-STIRUM, docteur en droit, membre de la 2e Chambre des États Généraux, La Haye.

M. BOUDEWIJNSE, secrétaire de la Société Indienne, La Haye.

---

# SESSION DE 1894

## SÉANCE DU LUNDI 28 MAI

La séance est ouverte à dix heures du matin, au Palais des Académies, dans la salle des séances ordinaires de l'Académie des Sciences, sous la présidence de **M. Léon Say,** de l'Académie Française, ancien ministre des Finances.

Sont présents :

**Lord Reay**, ancien gouverneur de Bombay, sous-secrétaire d'Etat pour les Indes.

**M. Fransen-Van de Putte,** ancien ministre des Colonies, membre de la première Chambre des États-Généraux (Pays-Bas).

**M. von der Heydt,** Président de la Société allemande de l'Est de l'Afrique.

**Sir Alfred Lyall,** ancien lieutenant-gouverneur des provinces du Nord-Ouest (Indes), membre du Conseil des Indes.

**D^r^ Oscar Lenz,** professeur à l'Université de Prague.

**M. le major Thys,** officier d'ordonnance du Roi, directeur des Sociétés Belges du Congo.

**M. E. Levasseur,** membre de l'Institut, professeur au

Collége de France et au Conservatoire des Arts et Métiers.

**M. J. Chailley-Bert,** publiciste à Paris.

**M. le Dr P. A. van der Lith,** professeur de droit colonial à l'Université de Leyde.

**M. le Dr Pijnacker Hordijck,** ancien gouverneur-général des Indes Néerlandaises, membre de la première Chambre des États-Généraux (Pays-Bas).

**M. le baron van Dedem,** ancien ministre des Colonies (Pays-Bas).

**M. Cam. Janssen,** gouverneur-général honoraire de l'État Indépendant du Congo, ancien secrétaire d'État des Finances.

**M. le Secrétaire-Général** donne lecture du procès-verbal de la séance du 8 janvier 1894. — Ce procès-verbal est adopté.

**M. le Secrétaire-Général** donne lecture des lettres émanant de :

S. A. le prince de Hohenlohe-Langenburg, président de la Chambre des Seigneurs de Wurtemberg, président de la Deutsche-Kolonial Gesellschaft;

M. H. Herzog, docteur en droit, ancien secrétaire d'État, directeur de la compagnie de Nouvelle-Guinée (Berlin);

Sir Robert Herbert, agent général pour la Tasmanie, ancien sous-secrétaire d'Etat aux Colonies (Londres);

Don Antonio Fabié, sénateur du Royaume, ancien ministre d'Ultramar, président du Conseil des Philippines (Madrid);

M. Paul Leroy-Beaulieu, de l'Institut, professeur au Collége de France;

M. Félix Faure, ancien sous-secrétaire d'État aux

Colonies, vice-président de la Chambre des Députés de France;

M. P. Cambon, ambassadeur de France à Constantinople;

M. le Duc de Sermoneta, prince de Teano, sénateur du Royaume (Italie);

M. le Comte de Valenças, envoyé extraordinaire et ministre plénipotentiaire à Lisbonne;

M. F. de Martens, membre permanent du Conseil du Ministère des Affaires Étrangères à St-Pétersbourg; exprimant leurs regrets de ne pouvoir assister à la séance.

**M. le Secrétaire-Général** donne, dans ses lignes générales, un aperçu du règlement élaboré par le Bureau conformément à l'article 17 des statuts. Ce règlement est adopté.

**M. Van der Lith** propose, de concert avec M. Oscar Lenz, de se réunir à Londres, au mois d'août 1895, en même temps que le Congrès de Géographie.

**Lord Reay** croit être d'accord avec ses Collègues anglais en affirmant que l'Angleterre serait heureuse et honorée de recevoir l'Institut; mais il faut éviter que cette session puisse être considérée comme un accessoire du Congrès de Géographie. Il propose La Haye comme lieu de la prochaine réunion, Londres pouvant être choisi pour lieu de réunion d'une session ultérieure.

**M. Fransen-van de Putte,** parlant au nom des membres hollandais de l'Institut, serait très heureux de voir accepter la proposition de lord Reay. Il propose la date du 15 septembre.

**M. le Président** propose de fixer en principe la

première quinzaine de septembre de manière que la session ait lieu immédiatement après ou avant le Congrès de Géographie; le Bureau serait chargé de fixer la date précise.

Cette proposition est adoptée.

**M. le Secrétaire-Général** fait connaître le nom des membres qui, ayant été présentés avant le 28 mai par les membres fondateurs, sont admis, sans ballottage, conformément aux décisions de la dernière assemblée générale.

Membres effectifs :

S. A. le prince de Hohenlohe-Langenburg, président de la Chambre des Seigneurs de Wurtemberg, président de la Deutsche-Kolonial-Gesellschaft.

S Exc. H. Herzog, docteur en droit, ancien Secrétaire d'État, directeur de la compagnie de Nouvelle-Guinée, Berlin.

M. von der Heydt, président de la Société allemande de l'Est de l'Afrique.

Baron de Rio-Branco, consul général du Brésil à Liverpool.

Sir Robert Herbert, ancien sous-secrétaire d'État au département des Colonies.

Dr Oscar Lenz, professeur à l'Université de Prague.

Don Antonio Fabié, sénateur du Royaume, ancien ministre d'Ultramar, président du Conseil des Philippines, Madrid.

M. E. Levasseur, membre de l'Institut, professeur au Collège de France et au Conservatoire des Arts et Métiers.

M. F. Faure, ancien sous-secrétaire d'État, vice-président de la Chambre des Députés de France.

M. P. Cambon, ambassadeur de France à Constantinople.

Duc de Sermoneta, prince de Teano, sénateur du Royaume, vice-président de la Société de Géographie de Rome.

Marquis Giacomo Doria, président de la Société de Géographie de Gênes.

Baron van Dedem, ancien ministre des Colonies (Pays-Bas).

M. N. P. van den Berg, président de la Banque Néerlandaise, à Amsterdam.

M. N. G. Pierson, ancien ministre des Finances (Pays-Bas).

Membres associés :

M. Fransen-van de Putte, docteur en droit, La Haye.

M. le Comte van Limburg-Stirum, docteur en droit, membre de la Seconde Chambre des États-Généraux, La Haye.

M. Boudewijnse, secrétaire de la Société Indienne, La Haye.

Jhr. Elout van Soeterwoude, docteur en droit, La Haye.

**M. le Secrétaire-Général** demande si les statuts doivent être appliqués à la lettre en ce qui concerne l'admission de membres effectifs et associés nouveaux. L'Institut attendra-t-il quinze mois avant de se compléter? N'y aurait-il pas de mesures à prendre pour permettre au bureau de procéder au ballottage par correspondance?

**M. le Président** croit que les statuts doivent être observés : il ne pense pas qu'on puisse procéder à une élection sans ouvrir une session. On pourrait fixer une session purement électorale.

**Lord Reay** estime que c'est là une matière délicate. Le but poursuivi a été de permettre la discussion des candidatures. Il ne voit aucun inconvénient à ce que le nombre des membres soit limité au début. Il se base sur l'expérience qu'on en a faite à l'Institut de droit international. Le recrutement sera beaucoup facilité par les preuves que l'Institut donnera de sa vitalité. La proposition de M. Janssen a-t-elle pour but de ne pas empêcher d'une manière absolue l'élection de nouveaux membres, fort bien ; mais il ne pourrait y adhérer si elle tendait à compléter immédiatement le nombre de membres prévu par les statuts.

**M. le Président** propose de convoquer une session purement électorale ; deux mois avant on enverrait à chaque membre la liste des candidatures ; le bureau procéderait aux élections en se conformant aux dispositions des statuts et du règlement ; les membres désireux de discuter les candidatures pourraient être présents à cette session.

**Lord Reay** se rallie à cette proposition.

L'assemblée décide, sous le bénéfice des observations ci-dessus, que cette session aura lieu à Bruxelles dans la première quinzaine de novembre, à la date qui sera fixée par le bureau.

Il est procédé ensuite à la nomination du bureau :

M. Fransen-Van de Putte est proclamé président.

S. A. le prince de Hohenlohe-Langenburg et Sir Alfred Lyall, vice-présidents.

M. Oscar Lenz est nommé membre de la commission scientifique.

**M. Chailley-Bert.** — A propos de la question de la main-d'œuvre et du louage d'ouvrage, dit que cette discussion ne peut venir en ordre utile dans la présente session. Elle est par trop vaste et exige un énorme travail de préparation qui ne pourra être fait d'une manière efficace et complète que s'il est subdivisé. Pour travailler rapidement et avec méthode, il faudrait nommer un rapporteur dans chaque pays; chacun de ces rapporteurs ferait un rapport qui serait transmis à un rapporteur-général lequel élaborerait un rapport général; et celui-ci pourrait servir de base à la discussion, en 1895.

**M. Janssen** propose de publier les documents sur cette question avant même que ces rapports ne soient établis. Il serait utile que l'Institut publie un premier volume le plus tôt possible, afin de faire preuve de vitalité; les rapports seraient publiés dans un autre volume en même temps que les discussions auxquelles l'examen de la question donnera lieu.

**M. Chailley-Bert** croit que les documents ne concordent pas dans les différents pays. Il vaudrait mieux ne publier que les documents que la commission scientifique jugerait nécessaire d'imprimer. Ce qu'il y a d'urgent, c'est de nommer les rapporteurs et le rapporteur général.

L'assemblée désigne comme rapporteurs :

M. Herzog, pour l'Allemagne.
Sir Alfred Lyall, pour l'Angleterre.
Baron de Rio-Branco, pour l'Amérique latine.
M. Janssen, pour la Belgique.
M. Ant. Fabié, pour l'Espagne.
M. Chailley-Bert, pour la France.

M. van der Lith, pour les Pays-Bas.
Comte de Valenças, pour le Portugal.
M. de Martens, pour la Russie.
Duc de Sermoneta, pour l'Italie.

Sur la proposition de **M. Thys,** M. Chailley-Bert est nommé rapporteur-général.

La séance est suspendue à midi et reprise à 2 h. 30 m.

**M. Janssen** propose que deux ou trois autres questions soient portées à l'ordre du jour de la session prochaine. Il indique la *Question foncière* qui avait déjà fait l'objet d'une proposition de la part de Lord Reay, en janvier dernier.

**M. Chailley-Bert** propose, en raison de l'étendue de cette question d'y faire des subdivisions; on pourrait d'abord examiner les théories que les gouvernements métropolitains et coloniaux se sont faites des droits de propriété; puis on étudierait le transfert et la mutation de la propriété.

**M. Léon Say.** — Il y a une question préalable, c'est l'étude du régime foncier actuel dans les diverses colonies; un résumé de la législation foncière devrait être mis d'abord sous les yeux de l'Institut. La connaissance de la législation domine la question.

**Lord Reay** voudrait, à ces deux questions, en voir ajouter deux autres, moins vastes, qui donneraient plus facilement un résultat.

Il propose *le recrutement des fonctionnaires coloniaux* et *la question des protectorats*.

**M. Chailley-Bert** propose que la commission scientifique à laquelle seraient joints le secrétaire-général et le membre qui a proposé la question, élaborent un questionnaire qui serait envoyé à tous les membres. Cette étape accomplie, une commission d'études examinerait à fond la question et ferait un rapport qui servirait de base à la discussion.

**M. Thys** insiste pour que les commissions d'études soient formées de rapporteurs dont la responsabilité personnelle serait ainsi engagée.

**Lord Reay** propose de laisser au bureau le soin de nommer les commissions d'études.

**M. le Président** résume la discussion et les diverses propositions émises :

1° De mettre à l'étude, outre le contrat de travail et le louage d'ouvrage :

*a*) La question foncière au point de vue du régime foncier actuel, des droits de propriété des gouvernements métropolitains et coloniaux et du transfert et de la mutation de la propriété.

*b*) Le recrutement des fonctionnaires coloniaux.

*c*) La question des protectorats.

2° D'envoyer à tous les membres un questionnaire pour chaque question, élaboré par la commission scientifique, de concert avec le secrétaire-général et le membre qui a proposé la question.

3° De confier ensuite l'étude approfondie de chaque question à une commission d'études nommée par le bureau.

Ces propositions sont adoptées. **M. Chailley-Bert** fait observer qu'il doit être entendu que le bureau aura le droit de nommer ces commissions d'office, sans avoir à prendre au préalable l'avis des membres désignés.

**M. le Secrétaire-Général** donne lecture du rapport financier suivant :

Les ressources certaines de l'Institut pour l'année 1894 ne s'élèvent encore qu'à la somme de 3,750 francs provenant de l'allocation de 2,500 francs accordée par la Compagnie du Congo pour le Commerce et l'Industrie en sa qualité de membre honoraire et d'une somme de 1,250 francs à recouvrer, représentant les cotisations des vingt-cinq membres effectifs formant actuellement l'Institut.

De cette somme il a été dépensé, jusqu'à ce jour, fr. 987.43 du chef d'impressions, fournitures, location des bureaux et frais de port et de correspondance. Nous déposons sur le bureau l'état des comptes, le registre des recettes et des dépenses, ainsi que les factures acquittées et le livre d'expédition de la correspondance.

La balance présente à ce jour un actif de fr. 1,512.57, mais nous devons ajouter que quelques fournitures de bureau s'élevant à une somme de 210 francs environ ne sont pas encore payées, le fournisseur ne présentant sa note que semestriellement.

Nous prions l'assemblée de vouloir bien, conformément aux dispositions de l'art 15 du règlement, faire vérifier ces comptes par deux membres chargés de faire rapport.

Nous avons l'honneur de présenter à l'Institut deux projets de budgets, l'un pour l'année 1894 et le second pour l'année 1895 ; notre prochaine session ne devant vraisemblablement pas avoir lieu avant l'automne 1895, il est indispensable que l'Institut se prononce, non seulement sur le budget de l'année courante, mais vote encore le budget de l'année prochaine :

## PROJET DE BUDGET POUR 1894

Les dépenses qui nous paraissent absolument nécessaires et dont le détail est indiqué dans le tableau que nous présentons, s'élèvent à 6,950 francs et malgré la plus stricte économie, nous pensons qu'il sera impossible de rester en deçà de ce chiffre.

Il est donc de toute nécessité que nous nous efforcions d'augmenter nos ressources.

Nous estimons que nous aurions tout d'abord à prendre des mesures pour nous compléter et atteindre le nombre de 60 membres effectifs et de 60 membres associés, ce qui nous procurerait une ressource annuelle de 4,500 francs; puis nous pourrions faire quelques démarches auprès de personnes riches s'intéressant à nos travaux et auxquelles le titre de membre honoraire pourrait être conféré; enfin les subsides des divers gouvernements, accordés sous forme de souscription à nos publications, viendraient compléter la somme nécessaire pour couvrir les dépenses; ces subsides indirects ne devraient pas être très considérables, car il suffirait de réunir une somme de 6 à 8,000 francs répartie entre les différents gouvernements. Est-ce impossible ? Nous ne le pensons pas.

A la suite de démarches que nous avons faites auprès du gouvernement belge, nous espérons qu'il nous accordera un subside de 2,000 francs environ et peut-être l'avis officiel nous parviendra-t-il avant la clôture de la session ;

il resterait en conséquence une somme de 4 à 6,000 francs à trouver dans les autres pays, à titre de souscription aux publications de l'Institut.

Aux diverses ressources peut venir s'ajouter le produit de la vente de nos publications, mais il serait, pensons-nous, imprudent d'escompter dès à présent une telle recette : nous ne pouvons l'évaluer qu'après l'apparition de nos livres.

## PROJET DE BUDGET POUR 1895

Les dépenses prévues s'élèveront à 12,600 francs.

Nous espérons que dès la publication des premiers travaux de l'Institut, les ressources seront suffisantes pour couvrir les dépenses, sans que nous puissions les arrêter dès à présent. L'Institut aura à décider si, comme mesure transitoire, il n'y aurait pas lieu d'autoriser le Bureau à effectuer, jusqu'à l'ouverture de la prochaine séance ordinaire, les dépenses prévues aux budgets à concurrence des ressources dont il pourra disposer.

**M. Thys** annonce qu'un anonyme met 2,000 francs à la disposition de l'Institut.

**M. le Président** adresse à ce généreux anonyme les remercîments de l'Institut.

**MM. von der Heydt** et **Thys** sont chargés de vérifier la comptabilité.

**M. Thys** dit que la nécessité s'impose d'obtenir des différents gouvernements une subvention sous forme de souscription aux publications de l'Institut. Pour qu'on s'intéresse aux travaux de l'Institut, celui-ci doit donner de grandes preuves de sa vitalité. Les publications doivent être nombreuses et importantes. Or ces publications coûtent cher. On doit donc disposer de ressources suffisantes et celles-ci feront défaut si chaque gouvernement ne donne pas un subside de 1,500 à 2,000 francs, ce qui ne doit pas être difficile à obtenir.

**M. von der Heydt** est d'avis qu'il y aurait économie à publier les documents officiels dans la langue originale : cela serait, en outre, très avantageux au point de vue scientifique. Il est, d'ailleurs, très difficile d'avoir à sa disposition quelqu'un qui connaisse suffisamment l'anglais, l'allemand et le hollandais pour pouvoir faire des traductions exactes de lois et de documents. Enfin si les textes étaient publiés en plusieurs langues, les gouvernements accorderaient plus facilement des subsides.

**M. Levasseur** dit que c'est ainsi que l'on procède à l'Institut international de statistique.

**M. Thys** croit indispensable de traduire les documents en une langue unique; c'est le seul moyen de permettre non-seulement aux gouvernements mais même aux membres de l'Institut d'utiliser les publications.

**Lord Reay** fait remarquer que, quoiqu'il soit désirable et avantageux de publier les documents dans le texte original, il sera toujours facile de se procurer ce texte, quand on en aura la traduction en français.

**M. Thys** croit qu'on pourrait émettre le vœu de publier à la fois l'original et la traduction française des documents; mais en attendant que les ressources le permettent, il propose de décider qu'on n'en publiera que la traduction française.

**M. le Secrétaire-Général** propose à l'assemblée d'autoriser le Bureau à faire, jusqu'à la prochaine réunion ordinaire, les dépenses prévues aux budgets de 1894 et 1895 jusqu'à concurrence des ressources dont il pourra disposer.

Les propositions de M. Thys et de M. le secrétaire-général sont adoptées.

**M. le Secrétaire-Général** fait, dans les termes suivants, rapport sur le Bureau de Renseignements :

L'article premier des statuts assigne à notre Institut comme un des buts à poursuivre le plus rapidement possible, l'organisation d'un bureau international de renseignements, et l'article 11 du règlement charge le secrétaire-général de présenter à l'ouverture de chaque session un rapport sur le fonctionnement de ce bureau.

Escomptant les promesses qui nous ont été faites par le Gouvernement Belge de nous accorder une subvention affectée plus spécialement à la location des bureaux, nous avons pu organiser ce bureau dès le milieu du mois d'avril, mais nous devons avouer que cette organisation n'est encore que très rudimentaire, faute de l'outillage nécessaire. Pour que cet organisme, que vous avez considéré comme indispensable au succès de nos travaux, soit vivace et produise les résultats désirés, il faut que chacun de nous favorise son développement et lui fournisse les aliments qui doivent aider à sa croissance; il ne suffit pas de posséder un local habité par des gens qui ne demandent qu'à travailler, il faut encore que ces personnes soient à même de puiser d'une manière continue aux sources de la science coloniale, c'est-à-dire dans les journaux, les revues et les livres qui s'occupent de colonies et de géographie. Nos ressources sont, pour le moment, très limitées ; il est matériellement impossible que le bureau se procure, actuellement, par voie d'achat, ces nombreux documents, et nous faisons un appel pressant à tous les membres, afin que chacun use de son influence pour nous faire parvenir ce qui se publie de plus intéressant, dans son pays, en matière coloniale. Nous devrions posséder au bureau international, les journaux et revues qui s'occupent spécialement de colonies, soit dans les pays d'Europe, soit dans les colonies elles-mêmes, ainsi que les principaux ouvrages qui se publient sur ces questions spéciales. Nous pensons que si chacun de nous consentait à faire quelques démarches dans son pays, nous serions vite en possession de l'outillage nécessaire à notre développement. La nomination de membres correspondants apportera également une aide efficace au bureau international de renseignements.

L'exposé sommaire que nous venons de faire indique les raisons qui nous empêchent de vous présenter aujourd'hui des résultats quelque peu sérieux obtenus par le bureau de renseignements ; nous nous sommes bornés à recueillir et à traduire les documents qui nous sont parvenus sur le contrat de travail et la main-d'œuvre dans quelques colonies ; nous avons l'honneur de les déposer sur le bureau ; ces documents concernent Sierra-Leone, la Gambie, la Côte-d'Or, le Togo, le Cameroun, l'État indépendant du Congo, l'Afrique orientale allemande, le Queensland, les îles Phillippines, la Nouvelle-Guinée et quelques provinces des Indes-Orientales néerlandaises. Nous compléterons cette collection au fur et à mesure que les documents nous parviendront.

Nous nous proposons d'avoir dorénavant au bureau international des répertoires dans lesquels seront inscrits tous les renseignements concernant la législation et l'administration dans les différentes colonies du monde : ce sera un moyen pratique d'être toujours en état de fournir les renseignements qui nous seraient demandés.

**M. Levasseur.** — Il faudrait à la bibliothèque du Bureau central :

*a)* des documents officiels;
*b)* des journaux et revues;
*c)* des ouvrages.

Les premiers, il sera facile de se les procurer en s'adressant aux différents gouvernements par l'intermédiaire des membres pour les différents pays. Les journaux et revues seront surtout obtenus par voie d'échange, et pour cela, il est urgent que l'Institut publie le plus tôt possible un fascicule. Quant aux ouvrages, il faudrait engager les auteurs à en faire don à l'Institut en leur offrant en échange une certaine publicité, et ce résultat sera atteint par l'addition à chacune des publications, d'un chapitre de bibliographie, où seraient cités les ouvrages dont il aura été fait hommage à l'Institut.

**M. le Président** exprime l'espoir que tous les membres donneront leur concours empressé et dévoué au Bureau central de renseignements.

La séance est levée à 4 heures et demie.

## SÉANCE DU MARDI 29 MAI

La séance s'ouvre à 9 heures 45. — M. le prince Auguste d'Arenberg assiste à la séance, ainsi que M. le Dr Treille, chef du service de santé dans les colonies françaises.

**M. le Président** déclare ouverte la discussion sur la question à l'ordre du jour : *De l'influence du climat sur les progrès de la colonisation.*

**Lord Reay.** — Sir William Moore, ancien chef du service médical à la résidence de Bombay, empêché d'assister à la session de l'Institut, a bien voulu me faire parvenir un mémoire qui pourrait servir de guide à la discussion. Sir William Moore est une autorité en matière d'hygiène coloniale. Il est l'auteur d'un manuel d'hygiène très répandu, à l'usage des familles européennes résidant aux Indes :

## MÉMOIRE

### SUR L'INFLUENCE DU CLIMAT DES INDES SUR LES EUROPÉENS

« Quand les Européens (surtout ceux du nord de

l'Europe) résident aux Indes, ils ont à combattre certaines influences déprimantes qui sont surtout :

» 1° La chaleur du climat ;

» 2° La grande sensibilité au froid ;

» 3° La prédominance d'un état scorbutique ;

» 4° Le manque de sommeil ;

» 5° La malaria.

» Nous allons successivement examiner ces différents points.

## I. *La chaleur.*

» Si la chaleur solaire peut déterminer un coup de soleil foudroyant, son action continue est plus insidieuse et plus indirecte. Il y a, en effet, un optimum de chaleur favorable aux fonctions vitales. Mais si cet optimum est dépassé, si comme aux Indes la température moyenne dépasse de 20° Fahrenheit celle de l'Angleterre, la première conséquence de l'action prolongée de la chaleur est une dépression du système nerveux. Même dans un climat tempéré, une saison de chaleur extraordinaire produit de la langueur, de la répugnance à faire des exercices, une diminution d'appétit. Mais ce n'est pas tout. Les principaux produits d'usure de l'organisme sont : l'urée, l'acide carbonique, des sels et de l'eau, qui sont éliminés par les reins, les poumons, la peau et, dans une faible proportion, avec les matières fécales (1).

1) Les matières fécales sont formées de matières non digérées et non digestibles, de substances cornées, de fibres musculaires désagrégées, de matières colorantes, et d'une substance azotée, l'excrétine ; mais la quantité de produits d'usure qu'elles contiennent est faible.

Pour éliminer ces produits d'usure, l'action de l'oxygène est nécessaire. Mais, par suite de la chaleur, l'atmosphère, aux tropiques, est plus raréfiée que dans un climat froid. 1000 pieds cubes d'air à 62° Fahrenheit occupent un volume de 1038 pieds si la température s'élève à 82°. Un volume donné d'air contient moins d'oxygène dans un pays chaud que dans un climat froid. En d'autres termes, par un temps froid, on inspire plus d'oxygène, à chaque inspiration, par suite de la plus grande densité de l'air. Et quoique cette perte d'oxygène soit faible, elle est continue. La respiration se ralentit aussi, aux tropiques, quand on est au repos, et on l'accélère moins par le mouvement et l'exercice pour lesquels on est moins porté et pour lesquels, d'ailleurs, il y a moins d'heures fraîches (1). Il en résulte que moins d'oxygène est introduit dans l'organisme et que, par conséquent, moins d'acide carbonique est expiré (2).

» Le défaut d'oxydation détermine la formation de graisse(3). Pendant les temps humides et chauds, comme ceux qui règnent à Bombay et sur la côte de Malabar, les globules rouges du sang se chargent de particules graisseuses qui les gênent dans leur fonction de charrier l'oxygène (4).

(1) La quantité d'air passant par les poumons est évaluée à 400 pieds cubes, à l'état de repos ; 600, à l'état de mouvement ; 1000, dans les exercices violents.

(2) De Charmount fixe cette diminution à 25 p. c.

(3) Ceci a été établi par le Dr Sander Brunton ; voyez son ouvrage : *Disorders of digestion* et par le Dr Forbes Watson, voir : *Bombay medical and physical Society Transactions.*

(4) On ne doit pas oublier qu'il y a trois facteurs dans la respiration : 1° le mécanisme respiratoire qui met l'air en présence du sang dans les poumons ; 2° la circulation qui amène le sang aux poumons ; 3° le nombre de globules rouges et l'hémoglobine qui entre dans leur composition.

» Quand les globules rouges du sang sont atteints, le sang devient fluide, pâle et aqueux, la physionomie devient d'une pâleur caractéristique, les sclérotiques deviennent perlées et les lèvres au lieu d'être rose vif sont d'une teinte rose pâle (1). La peau débilitée par une activité excessive, quoique sécrétant plus d'eau par la transpiration sensible et insensible, n'élimine plus de substances solides. Il résulte de là une diminution dans la sécrétion de l'urine et il s'ensuit qu'il peut ne plus y avoir assez de liquide pour dissoudre tous les produits d'usure qui doivent être évacués avec elle (2). La résultante de tout ceci est cet état morbide qu'on a souvent désigné sous le nom de *cachexie malarienne* et qui en réalité est de l'*anémie,* c'est-à-dire un affaiblissement et un appauvrissement du sang (3). Dans cet état de choses, l'activité du foie augmente, cela a pour effet d'éliminer une certaine quantité de produits d'usure, mais en même temps cette augmentation d'activité du foie est suivie de torpeur, la torpeur de congestion et la congestion d'un long cortège de maux. Souvent il se forme des furoncles qui, quoique procurant un soulagement temporaire, causent de vives souffrances et en fin de compte, un affaiblissement de la personne.

(1) Tout ceci nous donne l'explication de la pâleur que l'on remarque chez beaucoup de personnes qui résident aux Indes et de la graisse molle qui s'accumule chez d'autres.

(2) L'urée, produit de décomposition des substances azotées, est le principal produit d'usure contenu dans l'urine. Elle n'est pas volatile, ne peut donc être éliminée ni à l'état de vapeur, ni à l'état de gaz, mais seulement à l'état de solution dans un liquide sécrété par les reins.

(3) Comme conséquence ultérieure, le cerveau est affecté par cette détérioration du sang et il y a des phénomènes variés d'irritabilité et de faiblesse mentale.

» Beaucoup de ces maux pourraient être évités si les Européens règlaient leur régime d'après le climat. Mais généralement ils continuent le train de vie qu'ils menaient sous le climat plus froid et dans la vie plus active de l'Europe; quelquefois même ils l'exagèrent. Ils ne comprennent pas qu'une augmentation de la chaleur ambiante entraîne une diminution dans la production de la chaleur interne dont une quantité moindre est nécessaire et pour laquelle il faut donc moins de nourriture comburante. Comme nous l'avons vu plus haut, la chaleur produit une diminution d'appétit qu'on peut regarder comme un avertissement de la nature contre les excès. Mais bien souvent, les Européens excitent leur appétit par des mets chauds et épicés et des liqueurs fermentées; ils ajoutent encore aux produits d'usure que les organes sont déjà impuissants à évacuer.

## II. *Grande sensibilité au froid.*

» On peut admettre comme un axiome que plus le climat est chaud, plus l'Européen est exposé au refroidissement à cause des grands et brusques changements de température, qui sont surtout fréquents aux Indes (1). L'activité excessive de la peau, par suite de la chaleur produit un affaiblissement cutané. Un abaissement de température d'un petit nombre de degrés produit, aux

(1) La température aux Indes varie beaucoup et très brusquement pendant le jour et d'une saison à l'autre. A de certains endroits la température diurne peut être de 80° à 90° Fahrenheit et celle de la nuit, à peine dépasser celle de la glace fondante. Il y a aussi une différence de 30° à 50° Fahrenheit entre la saison chaude et la saison froide.

tropiques, une plus vive impression sur l'Européen que celui d'un nombre de degrés beaucoup plus considérable en Europe. Et la grande chaleur qu'il y fait ne permet pas de se prémunir là contre par d'épais vêtements. Un refroidissement est la cause première de beaucoup de maladies tropicales et quand le sang est affaibli, comme il a été dit ci-dessus, l'individu prend froid beaucoup plus facilement et l'action délétère de ce froid est beaucoup plus puissante (1).

### III. *La prédominance d'un état scorbutique.*

» Celui-ci peut être patent ou latent, le plus souvent latent. Un état scorbutique latent existe fréquemment sans se manifester par aucun symptôme décidé (2). Il naît généralement de la difficulté où l'on se trouve de se procurer des légumes frais en quantité suffisante. Les Européens, par suite du manque d'appétit pendant les grandes chaleurs, consomment moins de viande à l'époque précise où les légumes sont plus rares. De plus, les Européens pour avoir de la fraîcheur ferment leurs demeures aux vents

(1) La peau des races de couleur est beaucoup moins sensible aux chutes de température que celle de la race blanche. Cela tient à sa texture, à la plus grande abondance des sécrétions des glandes cutanées, à son moindre degré de propreté, et à l'habitude qu'ont les races noires de l'enduire d'huile. Il est établi que des nègres, dans des localités très insalubres sont à l'abri des fièvres malariennes. Si on les oblige à se laver et à renoncer à l'huile, ils y deviennent sujets au même point que les blancs parce que leur peau devient plus sensible au froid.

(2) Un état scorbutique prédispose aux malaises, les masque, les aggrave et en empèche le traitement, médical ou chirurgical. Quand une personne a séjourné dans un endroit où les légumes frais sont rares, on peut presqu'à coup sûr, la présumer dans un état scorbutique.

chauds et à la lumière. Le manque de lumière solaire, que ce soit dans les régions arctiques ou tropicales, prédispose au scorbut. La fatigue, la langueur et l'eau saumâtre en sont des causes accessoires.

## IV. *Manque de sommeil.*

» Ne pas bien dormir aux Indes, c'est préparer l'organisme aux malaises. Et pourtant il se rencontre aux Indes beaucoup d'empêchements à un sommeil bienfaisant. Les nuits y sont quelquefois chaudes à rendre le repos impossible. De plus, la nuit, une légion d'ennemis surgissent, des moustiques et autres êtres vivants. Les chiens aboient, les chacals hurlent et si l'on se trouve dans le voisinage d'une ville indigène, il s'en élève un bruit continuel et fatigant. Enfin l'heure tardive du dîner tend à exciter la soif et il en résulte des nuits sans sommeil. Une ou deux de ces nuits, n'auraient guère d'importance pour la moyenne des Européens robustes, mais quand ces causes agissent pendant des mois, la constitution s'affaiblit et finit par se trouver dans des conditions qui favorisent la maladie. La sensibilité au refroidissement s'accentue encore pendant les heures fraîches du matin quand l'individu est débilité et démoralisé de s'être remué toute une nuit sur une couche où il n'a pu trouver le sommeil (1).

(1) Il y a toujours une forte chute de température le matin, qui apporte le sommeil, et comme les couvertures ont probablement été écartées pendant les heures chaudes précédentes, le dormeur prend froid. Beaucoup de maladies n'ont pas d'autre cause.

## V. *Malaria*

» Le *Bacillus Malariae* de Cuboni, Crudelli et Klebs est maintenant généralement regardé comme le vrai germe de cette maladie. Mais il y a cependant beaucoup d'objections à cette théorie bacillaire (1). Il est très rare que la maladie appelée *malaria* ne soit pas précédée d'un refroidissement. Ceux qui ne peuvent nier la puissance de ces refroidissements les regardent comme une cause secondaire favorisant l'action des microbes déjà introduits dans l'organisme. Quoi qu'il en soit, il suffit de savoir que les moyens de protection contre la malaria sont, pratiquement, les mêmes que ceux qu'on emploie contre des causes de maladies mieux connues : le brouillard et le froid.

## *Conclusion.*

» On peut, comme conclusion, faire observer que l'influence délétère du climat des Indes peut être complètement annihilée ou réduite à un minimum :

» 1° Par une grande modération dans le boire et le manger ;

(1) L'opinion de Salisbury a été reprise par les autorités qui viennent d'être citées ; d'après elle, la malaria serait due à des organismes microscopiques inférieurs dont le microscope signale la présence dans la vase de quelques marais romains et dans l'air qui les entoure. Introduits dans l'organisme par l'appareil respiratoire, ils produisent des altérations dans le sang. Mais la maladie appelée malaria règne par toute la surface de la terre, même dans les plaines sablonneuses de l'Inde Occidentale où l'eau se trouve à 700 ou 800 pieds sous la surface du sol. Il n'est d'ailleurs pas logique d'admettre que tous les terrains produisent un même organisme végétal.

» 2° En ne perdant pas de vue qu'on prend froid surtout après avoir été exposé aux chaleurs, et en évitant le refroidissement de toutes les manières possibles ;

» 3° En prenant soin de manger en quantité suffisante des légumes frais.

» 4° En faisant tout ce qui est possible pour avoir un sommeil réparateur pendant la nuit (1) ;

» 5° Par l'emploi journalier de quinine et d'arsenic, à faible dose, pendant la période de l'année où la malaria règne le plus, non pas comme un antidote contre une malaria hypothétique, mais comme un tonique général ;

» 6° Par un séjour périodique dans un climat plus froid, l'Europe, si possible ou les régions élevées de l'Inde. »

**M. le Prince d'Arenberg.** — Il me semble qu'il y a une contradiction entre le conseil que donne le Dr Moore de ne pas exciter l'appétit au moyen de substances pimentées et le fait que, dans tous les pays tropicaux, les indigènes font un usage continuel de piment.

**M. le Dr Treille.** — Je ne crois pas qu'il y ait contradiction dans l'esprit du savant auteur du mémoire. Il interdit l'emploi des piments parce que cet emploi deviendrait bientôt une véritable tyrannie et que la digestion, activée il est vrai par cet excitant, finirait par ne plus pouvoir se faire sans lui. Toutes les fonctions naturelles en subiraient le contre-coup. D'autre part, les natifs font usage de cette substance par habitude nationale d'abord, et puis, parce que le volume et la nature

(1) On doit éviter de dormir pendant le jour, cela peut produire des maladies du foie.

de leurs aliments leur en font une nécessité. Les natifs mangent en volume beaucoup plus que les Européens; ils se nourrissent de matières végétales inertes dont la digestion doit être accélérée. Leur ration, consistant surtout en riz, pèse trois ou quatre fois plus que celle de l'Européen. La capacité de l'estomac est à peu de chose près la même chez tous les hommes; or, devant digérer plus de matières moins nutritives (riz et dols), il faut nécessairement aux indigènes végétariens un excitant. De plus la digestion des aliments d'origine végétale se fait avec une abondante production de gaz; et c'est encore une raison pour laquelle ils font usage d'une matière qui est à la fois carminative et excitante.

**M. van der Lith.** – En ce qui concerne l'anémie des tropiques, les résultats obtenus par le Dr Stokvis, professeur à l'Université d'Amsterdam, sont complètement opposés à ceux du Dr Moore.

« Examinons, dit-il, dans son dernier volume (1) dont j'ai l'honneur de faire don à l'institut, l'influence de la température tropicale, sur le sang.

» On soutenait généralement et on soutient souvent encore que la pâleur de l'Européen qui séjourne longtemps aux tropiques, et l'*anémic tropicale* dont il souffre sont une conséquence de l'accélération des processus de combustion et de la perte d'une certaine quantité de globules du sang, qui en résulte. Mais c'est là une de ces opinions qu'on avance sans avoir examiné suffisamment les faits. Dans ces dernières années on a appliqué une méthode qui permet non seulement de compter les globules chargés de charrier l'oxygène, mais encore de

1) Voir Bulletin bibliographique, p. 76.

déterminer la quantité de matière colorante qu'ils contiennent ; de plus on a pu fixer la densité du sang et la proportion d'eau qu'il renferme. Les premières recherches qui furent faites dans cette voie, celles de Pedro de Magelhaes à Rio de Janeiro, semblèrent confirmer l'opinion courante au sujet de l'anémie des tropiques. Il ne trouva que 2.400.000 à 2.800,000 globules rouges par millimètre cube chez des gens habitant les tropiques. Mais les chiffres donnés par lui ne prouvent rien, attendu que ses observations ne portèrent que sur des malades ou sur des personnes atteintes de beri-beri ; en effet, lorsque le Dr Marestang reprit ces recherches, à la Nouvelle-Calédonie, sur des Européens en bonne santé, qui y étaient établis depuis 5 à 15 ans, toute cette anémie des tropiques ne parut plus qu'un mythe. Il trouva 5.770.000 globules rouges par millimètre cube et une proportion de matière colorante de 14,3 %, tandis que chez les Européens fixés à la Guadeloupe depuis 13 ans, il trouvait 5.183.000 globules rouges par millimètre cube. En moyenne, le nombre de globules, qui était d'abord de 4.916.000, variait entre 4.900.000 et 5.200.000, et était, par conséquent, absolument le même que chez des Européens qui n'auraient jamais quitté leurs foyers ».

« Les chiffres obtenus par notre compatriote, le Dr Eyckman, dans le laboratoire de Weltevreden, ne sont pas moins concluants. Il a examiné son sang, celui des étudiants et employés indigènes et celui de différents Européens qui avaient fait un séjour plus ou moins long à Java. Chez toutes ces catégories différentes de personnes, ces chiffres se trouvèrent être de 5 millions (5.325.000 à 5.260.000) pour les hommes et de 4 millions pour les femmes. De même, le poids spécifique, les proportions d'eau et d'hémoglobine furent presque identiques. Le poids spécifique du sang était de 1.0574 chez l'Européen, 1.0575 chez le Malais; la proportion d'eau, 77,9 chez le premier, 77,7 chez le second; en un mot, il n'existe pas de différence dans la composition du sang chez l'habitant des tropiques qu'il soit indigène ou non, et chez l'Européen en Europe. »

D'autres chiffres donnés par le Dr Stokvis démontrent d'une façon péremptoire qu'une amélioration dans les conditions hygiéniques a pour conséquence une très grande décroissance de la mortalité. Voici ceux qu'il cite pour l'armée des Indes-Orientales néerlandaises, dont la moitié est formée d'indigènes, l'autre moitié d'Européens :

*Mortalité annuelle pour mille dans l'armée des Indes-Orientales néerlandaises*

| | Soldats européens | Soldats malais |
|---|---|---|
| 1819-1828 | 170 | 125 |
| 1864-1868 | 60,4 | 28 à 25 |
| 1879-1888 | 30,6 | 40,7 |
| 1888 | 20,2 | 34,8 |
| 1889 | 20,9 | 27,4 |
| 1890 | 18,8 | 27,8 |
| 1891 | 20 | 24,9 |
| 1892 | 16 | 23,7 |

Et à cet égard, les données fournies par les statistiques de l'armée des Indes anglaises ne sont pas moins intéressantes. Lorsque Miss Nightingale et d'autres encore eurent fait voir que la grande mortalité qui sévissait dans cette armée n'était due qu'aux mauvaises conditions hygiéniques dans lesquelles elle se trouvait, une commission royale, nommée en 1863, fut chargée de rechercher les causes de cette mortalité, et de proposer les mesures propres à améliorer la situation sanitaire. Cette commission, dans son rapport, vrai chef-d'œuvre d'exactitude et de sens pratique, constatait que la mortalité du soldat européen avait été de 84,6 pour mille de 1800 à 1834, et de 56,7 de 1834 à 1856. On ne recula devant aucunes dépenses pour apporter les améliorations proposées par la Commission, et le résultat dépassa les espérances. Déjà, de 1870 à 1879, la mortalité annuelle descendit à 19,3 pour mille. Et les chiffres plus récents ne sont pas moins favorables :

*Mortalité annuelle pour mille dans l'armée des Indes anglaises*

| | Soldats européens | Soldats indigènes |
|---|---|---|
| 1879-1887 | 16,27 | 21,6 |
| 1881-1890 | 14,2 | 16,9 |
| 1891 | 15,89 | 19,34 |

**M. le major Thys.** — Il me semble qu'il y a une autre contradiction dans le rapport du Dr Moore. Sous l'effet d'une sécrétion trop abondante, dit-il, la peau est débilitée et les matières solides non excrétées vicient le sang ; d'autre part, il dit que l'huile sécrétée par la peau et la saleté des nègres, sont une protection contre les refroidissements. Cette saleté doit, en revanche, me paraît-il, gêner la transpiration. Je crois que chez les noirs comme chez les blancs, l'hygiène de la peau est primordiale.

**M. le Dr Treille.** — Pour résoudre la question que vient de poser le major Thys, il faut remonter plus haut et faire une distinction entre les téguments chez le nègre et chez l'Européen. Les sécrétions de la peau chez le nègre sont très riches en chlorure de sodium et en sels calcaires, tellement riches que quelques nègres ont, à de certaines parties du corps, des efflorescences, de véritables plaques imprégnées de sels calcaires; c'est évidemment une crasse, mais elle est d'une tout autre espèce que celle qui se produirait chez le blanc qui n'a pas ces sécrétions salines et sébacées aussi accusées. D'ailleurs, la peau n'est pas seulement chargée de sécréter; son usage principal est d'être un régulateur de la température et si l'importance de cette surface est très grande pour l'Européen, en Europe, elle l'est plus encore aux pays chauds. La température de l'Européen augmente d'un demi-degré, aux tropiques, vers 4 à 5 heures du soir, parce que la surface évaporante y fonctionne moins bien et qu'en même temps, comme dit le Dr Moore, la sudation y devient plus abondante. Elle est déjà considérable en Europe, mais elle y est insensible parce que l'eau s'évapore très vite; et la chaleur latente se dégageant aux dépens du corps, il en résulte un abaissement de température. Or, aux pays chauds, cette sudation devient sensible, l'eau ne s'évapore plus; car ici, on doit tenir compte de la tension de la vapeur d'eau dans l'air.

Dans un milieu à 30°, sans vapeur d'eau, l'eau s'évapore très vite; si le milieu est saturé, l'eau ne s'évapore pas, la température s'élève et la sensibilité au refroidissement devient plus grande. Il y a des moyens d'empêcher ce danger : le vêtement, l'entretien de la peau, les douches, les bains et les moyens ventilatoires. C'est là ce qui explique pourquoi l'Européen est obligé de pousser à la ventilation; c'est l'origine du Panka. Le nègre est, dans son milieu, en état de température normale ; sa transpiration est insensible ; elle devient sensible, comme chez l'Européen en Europe, après des efforts et des exercices violents ; dans cet état, le nègre évapore moins bien que nous, et un nègre en sueur ne vaut rien; c'est ce qui explique son indolence. Il se met d'ailleurs dans des conditions sociales où l'effort n'est guère nécessaire; il n'a donc pas souvent besoin de transpirer. D'autre part, sa transpiration est moins aqueuse que celle de l'Européen; elle contient des substances grasses et lorsque celles-ci font défaut, le nègre est véritablement à plaindre; sa peau se crevasse, se fendille, se couvre de squames. C'est pour cela que les nègres reculent devant les soins de propreté qui auraient pour résultat d'enlever la matière sébacée de la peau. Beaucoup de nègres sont sujets à des maladies chroniques de la peau provenant de l'absence de ces corps gras. Aussi, quand ces sécrétions de matières graisseuses sont insuffisantes, ils y suppléent par de l'huile.

La température des nègres étant constante, celle de l'Européen étant variable pour les raisons que nous avons données plus haut, l'hygiène des races varie. On peut exiger que le nègre se lave et se baigne, mais cela ne constitue pour lui qu'un soin de propreté; pour l'Européen, au contraire, l'entretien de la surface évaporante est d'une nécessité absolue. S'il n'observe pas cette règle, il est en état d'influence morbide, et qu'un malaise survienne, il sera atteint au défaut de l'organisme, c'est-à-dire dans l'organe le plus faible ou le plus endommagé. Donc, dans les pays où l'évaporation ne se fait pas bien, le bain s'impose; c'est ainsi que dans l'Amérique centrale, on se baigne deux et trois fois par jour.

**M. von der Heydt.** — De quels nègres s'agit-il dans le mémoire du Dr Moore? Contrairement à son opinion, je crois savoir que les vrais nègres d'Afrique se baignent souvent, tandis que les Arabes des climats arides ne se lavent jamais.

**Lord Reay.** — Le mémoire du Dr Moore n'insiste pas sur les faits que M. le Dr Treille vient de citer, parce que le Dr Moore s'est placé, en l'écrivant, au point de vue anglais, et que pour les Anglais établis aux Indes, ces mesures d'hygiène sont d'une pratique courante. On s'y baigne non seulement matin et soir, mais encore après chaque exercice, et ces exercices sont nombreux : le polo, le lawn-tennis, la danse, et tous les sports, en général, y sont très en honneur.

**M. le major Thys.** — Mes observations personnelles m'ont montré que les nègres qui travaillent sont toujours propres. Au Congo, sur la route des caravanes, il y a 40,000 à 50,000 nègres qui, bien portants, se baignent chaque fois que l'occasion s'en présente et se jettent à l'eau dès qu'ils le peuvent; ils sont tous très soigneux de leur personne et veillent particulièrement à la propreté de la bouche.

**M. Léon Say.** — La température normale est-elle différente pour les Hindous et les Européens?

**M. le Dr Treille.** — Toute l'espèce humaine a la même température normale, environ 37° ; mais chez l'Européen, quelle que soit sa famille, dès qu'il dépasse le 17e, le 16e degré de latitude-nord, elle s'élève, généralement entre 4 et 5 heures du soir, d'un demi-degré. Ce demi-degré se perd dans la nuit et cette perte est quelquefois si rapide qu'une sensation de froid détermine le réveil.

Je vais maintenant tâcher de donner une vue synoptique des idées qui pourront ultérieurement être discutées plus largement.

En matière de climat, on a trop de tendance à ne considérer que le ciel et l'air. Or le climat se compose d'éléments très précis et il en est notamment deux qu'on oublie très souvent : c'est le sol et les eaux. Ces trois parties sont inséparables et dans la zone intertropicale il faut considérer la nature du sol comme un élément fondamental. Ce sol, lors même que sa constitution géologique serait identique à celle de l'Europe, différerait du sol européen par l'influence des autres éléments. Sa couleur même, ses qualités optiques varient, et ces différences réagissent déjà sur l'habitant qui vient s'y implanter.

Le sol rocheux, dans cette zone, n'a pas la même pureté hygiénique que dans nos climats. La roche, en Afrique, est à base de fer; c'est de la limonite depuis le Cap Blanc jusqu'au Cap de Bonne-Espérance. Au Congo, on trouve une argile rouge qui, chauffée un peu plus, aurait pu donner du fer. On trouve, il est vrai, en Afrique, des terrains primitifs : quartzites, etc., etc., mais, en général, les terres y sont ferrugineuses.

En Asie, au contraire, ce tont des terres alluvionnaires, des terres molles, de vastes presqu'îles plates, comme l'Inde et la Cochinchine.

Aussi les climats de ces deux contrées sont-ils essentiellement différents.

Enfin, le sol peut être constitué par des basaltes, dépourvus de qualités hygiéniques, neutres, imperméables quand la faille est horizontale.

A côté des roches ferrugineuses, on trouve dans les pays chauds des madrépores, des calcaires, dont l'importance est très grande dans le Pacifique parce que les îles y sont des rochers qui se dressent sur une base formée de madrépores.

Les eaux de la zone intertropicale sont volumineuses; ce sont de grands fleuves, à biefs successifs (Congo, Niger, Sénégal, Zambèze). Ils naissent du centre du plateau africain. Ces eaux sont essentiellement différentes d'après les régions. Celles de la partie nord-est et nord-ouest de l'Afrique contiennent du sel marin. Elles ont traversé du sol gemme et la salure est parfois de 4 centigrammes par litre près du lac Tschad. Ces eaux salines ne se trouvent pas aussi régulièrement à l'intérieur d'autres continents. De ce que nous venons de voir, nous pouvons déjà conclure que les eaux de l'Afrique sont dangereuses.

Ce qui, en Afrique comme partout, rend ces eaux plus dangereuses encore, c'est qu'elles renferment des minéralisations étrangères à notre organisme et des produits de décomposition végétale, des bacilles, etc., qui engendrent la fièvre intermittente, la dysenterie, l'hépatite, la cachexie intertropicale.

A côté des eaux, il y a les éléments météorologiques purs. Dans la météorologie, il y a à considérer la température qui joue son rôle, mais un rôle sans cesse modifié.

Si dans le Sahara, par exemple, la température diurne est plus élevée entre 11 heures et 4 heures, il y a un rachat pendant la nuit, car dans ces immenses plaines sableuses, le rayonnement se fait très vite; il commence déjà un peu avant le coucher du soleil, s'accroît aussitôt après et après minuit la température s'est très fortement abaissée.

Après le Sahara, vient la région soudanaise, couverte de broussailles, où les pluies existent, et ici, il faut tenir compte de la tension de la vapeur d'eau qui sert de régulateur à la thermologie générale de ce climat. C'est ce qui fait que les changements de température même sensibles au thermomètre ne sont pas sensibles pour l'Européen.

Il y a évidemment aussi des accidents du jour analogues à ceux qui se produisent chez nous.

Enfin, si l'on tient compte que dans la température du centre africain, de l'Asie et des îles, les écarts de température sont beaucoup moins considérables que dans les plaines du Sahara, on voit que l'élément vapeur d'eau exerce une très grande influence sur la température.

Les vents sont constants ou saisonniers, alisés ou moussons, vents de terre ou de mer. Ils modifient la température par eux-mêmes, directement, et indirectement, en réagissant sur la vapeur d'eau contenue dans l'atmosphère.

Les climats continentaux sont essentiellement variables et caractérisés par les saisons. Il y a toujours une saison sèche; au nord de l'Afrique, elle dure toute l'année; en descendant vers l'Equateur, on rencontre deux saisons sèches et deux saisons de pluie ; mais dans la zone intertropicale proprement dite, une saison sèche et une saison de pluie seulement.

A côté de ces climats continentaux appelés climats généraux, on doit citer le climat des îles ou climat particulier. Il est essentiellement régi par la vapeur d'eau apportée par la mer. L'eau distillée par le soleil se porte sous forme de vapeur sur les montagnes et en s'y condensant donne des pluies fréquentes. Ce phénomène empêche les saisons tranchées et les écarts de température. Aux îles, la température moyenne diurne ne diffère guère que de deux ou trois degrés d'un semestre à l'autre.

La température moyenne y est inférieure à celle des continents et le sera d'autant plus qu'elles auront un régime plus montagneux. C'est ce qui leur donne des conditions de colonisation supérieures. De plus, comme en général ces îles sont hautes et rocheuses, il ne s'y forme guère de dépôts alluvionnaires, les fleuves y sont de véritables torrents passant sur les rochers. Aussi la fièvre intermittente y est-elle inconnue (Nouvelle-Calédonie, Iles Marquises, Tahiti). La dysenterie règne, il est vrai, aux îles Antilles, mais presque pas dans les îles de la Polynésie. Ajoutons qu'on a dit aussi que la constitution madréporique, en permettant une filtration rapide et une évacuation des débris végétaux, avait pour effet d'éliminer rapidement des eaux qui fermenteraient si elles croupissaient sur une argile imperméable.

Il nous reste maintenant à examiner les climats locaux, ceux d'une localité distincte. Ils résultent d'un ensemble de phénomènes locaux. Or si l'homme est impuissant à modifier le climat général, il est admirablement outillé pour modifier le climat local; et c'est précisément celui auquel l'Européen a affaire. Admettons qu'il aille s'établir dans les pires conditions : même alors, il pourra modifier le climat du lieu par des drainages, des digues, des opérations de génie industriel. Remarquons que dans des climats généraux excellents, il peut y avoir des climats locaux détestables et réciproquement. Au Sénégal, par exemple, le climat général est mauvais; celui de Dakar qui était meurtrier à cause d'un cercle de marais entourant cette ville, s'est amélioré très sensiblement, grâce à des opérations de culture; et cela date de trente ans, à peine.

Arrivons maintenant à un des éléments principaux de la question qui nous occupe, l'influence de ces climats sur l'homme. Et ici, j'appelle l'attention de l'Institut sur un état de choses que j'ai signalé en 1889 au Congrès des naturalistes de Heidelberg et qui a été considéré comme important pour l'étude de la colonisation.

Quand on observe la situation des Européens en collectivité, on constate que deux conditions sont favorables à la prospérité et au développement de cette collectivité : 1° d'avoir peu de densité et beaucoup d'espace pour son expansion, et 2° de n'avoir pas comme voisine une collectivité de nègres ou d'indigènes. Une collectivité d'Européens, dans de telles conditions est dans une situation supérieure à celle où elle se trouverait si elle était dense avec peu d'espace pour son expansion, ou bien si elle avait pris brutalement la place d'une collectivité nègre. C'est ce dernier cas qui se présente le plus fréquemment à la suite de la conquête. Lorsqu'après avoir expulsé le nègre de son bourg ou village, elle s'y installe à sa place ou lorsqu'elle s'établit dans le voisinage immédiat d'une collectivité nègre, des maladies qui ne se gagnent qu'au contact de l'indigène ont toujours surgi au bout de quelques jours et on n'a pu les éviter que par évacuation.

Au Soudan, par exemple, où les villages sont établis

depuis des siècles, où la population est évidemment descendue des ancêtres fixés au sol, les habitudes de malpropreté se sont continuées pendant des générations et des générations. Deux choses y souillent le sol : d'abord, toutes les immondices d'hommes et d'animaux sont toujours déposées autour des cases dans des trous qu'on bouche quand ils sont presque remplis pour en faire d'autres à côté; au bout de quelque temps, toutes les cases sont entourées d'une bande continue de terre mêlée d'ordures. En second lieu, les nègres enterrent en de nombreuses localités, leurs morts dans leurs cases. Dans ces conditions, l'habitabilité pour l'Européen est un véritable leurre. Or, quand la population est arrivée au maximum de densité qu'elle peut atteindre dans le pays, quand, comme au Soudan, tous les points habitables sont occupés par les indigènes (et ce sont ceux où l'on peut se procurer de l'eau potable), toutes les localités sont nécessairement situées sur ou à côté de l'emplacement des villages nègres. C'est un très grand danger. Les eaux potables sont souillées et si les indigènes ne s'y empoisonnent pas c'est parce que dès leur enfance ils y sont habitués; mais elles sont funestes aux blancs.

Cette situation ne peut pas être modifiée comme le climat local : aussi quand une nation européenne choisit un tel endroit pour y établir une situation, en subit-elle les conséquences.

Comme conclusion, plus on sera éloigné des collectivités nègres, plus la santé des Européens y gagnera. Mais ce qu'il faut éviter surtout, c'est la communauté des eaux potables. Un exemple frappant de ce fait nous est fourni par la ville de Saint-Louis. Les Européens ne s'y portent bien que depuis qu'ils ont fait venir à grands frais de l'eau potable; les nègres continuent à la prendre dans le fleuve où ils laissent tomber leurs matières fécales. Toutefois, indice d'une singulière accoutumance, ils n'en sont nullement incommodés.

Pour apprécier maintenant l'effet du climat sur l'Européen, examinons celui qu'il produit sur les différentes fonctions. La respiration s'accélère chez l'Européen dans les premiers temps de son séjour aux pays chauds, parce que les poumons courent, pour ainsi dire, après l'oxygène dilaté. Au bout de quelques jours, elle revient à son cours normal. Le même phénomène s'observe pour la circulation. D'ailleurs, l'une entraîne nécessairement l'autre. Quant à la température, comme nous l'avons vu, elle s'élève d'un demi-degré au-dessus de la température normale. Mais ce n'est pas là une surabondance de vie, c'est un phénomène quasi-morbide auquel il faut porter remède.

Au point de vue de la digestion, le phénomène inverse se produit. Tout de suite une perturbation se manifeste qui se traduit par un ralentissement des fonctions digestives. Si l'Européen doit avoir un trouble digestif ou intestinal, ce sera dans les premières semaines. La langue se charge, l'appétit diminue, il y a un malaise général accompagné d'un peu de fièvre. Au bout d'un mois, tout rentre dans l'ordre. L'appétit peut redevenir normal, mais d'une manière générale, les fonctions digestives sont ralenties. En voici la cause :

Le principe actif de la digestion est connu de tout le monde : c'est le suc gastrique dont l'élément le plus important est l'acide chlorhydrique. 1.5 ou 2 grammes sont sécrétés à l'occasion d'un repas.

Or, cet acide chlorhydrique est fabriqué aux dépens

de nos chlorures organiques (chlorure de sodium, potassium), et ces chlorures, surtout celui de sodium, sont malheureusement emportés par les sueurs excessives; plus celles-ci sont abondantes, plus grande est la quantité de chlorure qui s'en va et ce au détriment de l'acide chlorhydrique. Ce fait est très important.

Ce n'est qu'au bout d'un certain temps que l'organisme se met à fabriquer régulièrement un surplus de chlorure destiné à équilibrer cette perte et quand cet équilibre ne s'établit pas, les fonctions digestives périclitent. L'acide chlorhydrique est absolument indispensable à la digestion des viandes; c'est ce qui explique le dégoût de l'Européen pour les viandes aux pays chauds. Le régime de la viande n'y devient supportable que quand la santé est parfaite.

Quel est le régime à suivre par l'Européen aux tropiques? Pour le déterminer, examinons ce qu'est l'Européen aux pays chauds : c'est l'homme de notre race à l'âge tropical de nos pays. Nos ancêtres vivaient absolument comme vivent les indigènes aux tropiques, à l'époque actuelle. C'étaient des végétariens, et c'est de leur condition d'existence que nous devons nous rapprocher. Nous avons tort de transporter nos habitudes alimentaires aux pays chauds, si nous avons le désir d'y conserver notre santé. Nous devons éviter les aliments d'épargne, les matières comburantes et excitantes.

L'âge aussi est un côté important de la question. Il ne faut pas y aller jeune homme. De 18 à 25 ans, l'homme n'est pas formé. L'âge de 25 à 30 ans est celui de la parfaite résistance. A cet âge, on peut, même dans les conditions mauvaises d'une première occupation, y rester 2, 3 et 4 ans. Au contraire, une mortalité effrayante frappe les jeunes gens de 18 à 25 ans.

Comme conclusion, je me demande si l'Institut n'a pas pour objet moral et pratique de proposer des conclusions quant à la capacité de résistance de l'Européen et de lui préciser son rôle entre le 15e parallèle N. et le 15e parallèle S. Il est impossible de lui conseiller la main-d'œuvre, ni d'y aller avec femmes et enfants, d'y fonder des établissements à demeure tels qu'il en existe dans l'Australie du Sud, au Chili, au Queensland, à la Plata, à New-Zealand, etc. Tout ce qu'on peut conseiller avec une conviction absolue, c'est d'y aller entre 25 et 35 ans, en observant les règles d'hygiène et pourvu qu'on y ait des conditions de logement et de bien-être convenables, et qu'on ne soit pas astreint à des travaux à faire au soleil; pourvu aussi, insistons-y de nouveau, que l'Européen modifie profondément son régime alimentaire et qu'il abandonne le préjugé des boissons alcooliques abusivement considérées comme tonique. En observant les prescriptions ci-dessus, l'Européen serait parfaitement en état d'exploiter l'Afrique. Mais il faut, dans cette zone en particulier, des régions tout à tait privilégiées, caractérisées par de bonnes eaux potables, des terres d'élévation moyenne et bien drainées, pour s'y transporter avec femme et enfants et s'y établir à poste fixe.

**M. le Président.** — Je crois être l'interprète de tous nos collègues en félicitant très vivement M. le Dr Treille de son intéressante et savante communication. *(Applaudissements.)* L'assemblée désire-t-elle que la discussion soit continuée dans une séance tenue cet après-midi?

**M. Van der Lith.** — J'ai l'honneur de déposer sur le Bureau la proposition suivante :

« Remettre la question de l'*Influence du Climat sur les progrès de la colonisation* à l'ordre du jour de la session de 1895.

» Publier les communications que nous ont faites MM. les Drs Treille et William Moore, en les invitant à les remanier, s'ils le désirent.

» Publier un sommaire des conférences du Dr Stokvis ou ce qui me paraît préférable, l'inviter à nous préparer lui-même un exposé sommaire de la question.

» Inviter ces Messieurs et quelques autres médecins compétents à assister à la séance de la session de 1895 où sera traitée cette question. »

**M. le Président.** — Je vois un écueil à éviter dans la proposition de M. van der Lith. Il ne faut pas étendre le nombre de ces invitations au point de faire de notre session de 1895 un Congrès médical.

L'assemblée adopte la proposition de M. van der Lith, sous le bénéfice de l'observation restrictive de M. le Président. Elle vote ensuite des remercîments à M. le Dr Moore pour son Mémoire et à M. le Chevalier Marchal, secrétaire perpétuel de l'Académie Royale de Belgique, pour la gracieuse hospitalité qu'il a donnée à l'Institut.

**M. Thys** fait, au nom de M. von der Heydt et au sien, rapport sur la vérification des comptes. Ces comptes sont approuvés par l'assemblée.

**M. le Président.** — Avant de déclarer close la session de 1894, je vous prie, Messieurs, d'agréer l'expression de ma reconnaissance pour la bienveillance que vous m'avez témoignée dans l'exercice de mes fonctions de président. Vous me les avez rendues agréables et faciles. Au moment de les quitter, qu'il me soit permis d'attirer votre attention sur un point dont l'importance ne vous aura point échappé : C'est sur la nécessité absolue, d'où dépend le succès des travaux de l'Institut, de concentrer entre les mains du bureau la plus large part d'initiative possible. *(Applaudissements.)*

J'ai l'honneur de remettre la présidence à M. Fransen-Van de Putte.

**M. Fransen-Van de Putte.** — Je prie mes collègues d'agréer ici l'expression de ma reconnaissance pour l'honneur qu'ils m'ont fait en m'appelant à la présidence. Je crois être leur interprète en adressant des remercîments à M. Léon Say qui, non seulement a présidé à la constitution de l'Institut, mais a encore dirigé nos premiers travaux avec une bonne grâce et une courtoisie qui nous a tous séduits. Si le succès de notre compagnie semble dès aujourd'hui assuré, c'est en grande partie à notre premier président que nous le devons. *(Acclamations)*.

La séance est levée à 12 h. 15.

---

# BULLETIN BIBLIOGRAPHIQUE (1)

---

**Joseph Chailley-Bert.** — *La Hollande et les fonctionnaires des Indes Néerlandaises.* Paris, Armand Colin et Cie, rue Mézières, 5. 1893. Brochure 85 pages.

M. Chailley-Bert a été envoyé en Hollande par le Gouvernement français afin d'y étudier les modes de recrutement des fonctionnaires coloniaux et l'étude qu'il a publiée l'année dernière est le résultat de ses observations.

**Joseph Chailley-Bert.** — *La Colonisation de l'Indo-Chine.* Expérience anglaise. 1 Volume 398 pages. Paris, Armand Colin et Cie. rue Mézières, 5.

L'auteur qui a accompagné dans l'Extrême-Orient M. Paul Bert, résident général en Annam et au Tonkin, étudie plus spécialement dans ce livre les procédés de colonisation mis en œuvre par les Anglais à Hong-Kong et dans la Birmanie; il fait non seulement l'historique de ces colonies, mais il examine les méthodes de gouvernement et d'administration qui ont eu raison des découragements des premières années et ont amené la prospérité dans ces colonies britanniques.

(1) Seront mentionnés au *Bulletin Bibliographique* tous les ouvrages dont un exemplaire aura été envoyé à la bibliothèque de l'Institut Colonial International.

**Joseph Chailley-Bert.** — *Paul Bert au Tonkin.* 1 Vol. 404 pages. Paris, J. Charpentier et Cie, éditeurs, 11, rue de Grenelle.

M. Chailley-Bert expose dans cet ouvrage l'administration de M. Paul Bert, qui fut nommé résident général de la République française en Annam et au Tonkin le 31 janvier 1886, et qui malheureusement succomba à la peine le 11 novembre de la même année.

**Albert Chapaux.** — *Le Congo historique, diplomatique, physique, politique, économique, humanitaire et colonial.* 1 Vol. 887 pages contenant une grande carte en quatre feuilles, tirée en couleurs, 6 cartes, croquis et plans, intercalés dans le texte et 163 portraits, types d'indigènes, vues, etc. Bruxelles, Charles Rozez, éditeur, 81, rue de la Madeleine. 1894.

Cet ouvrage, le plus complet de ceux qui ont paru jusqu'à ce jour sur les origines, la constitution et l'administration de l'État Indépendant du Congo mérite l'attention de toutes les personnes qui s'intéressent aux affaires d'Afrique.

L'auteur résume tout d'abord les explorations de Livingstone, de Burton et Speke, de Cameron, de Stanley, puis décrit les entreprises de l'Association Internationale Africaine, de la Côte Orientale au lac Tanganika pour en arriver aux travaux du Comité d'études du Haut-Congo constitué peu après la traversée par Stanley du continent mystérieux; il détaille ensuite, en suivant un ordre chronologique, toutes les expéditions des explorateurs belges dans les diverses régions du nouvel Etat.

La partie diplomatique comprend l'étude des travaux de la Conférence de Berlin et la partie physique des notions sur les productions naturelles, la géographie et l'ethnographie de ce pays tropical.

Enfin l'auteur termine son ouvrage en décrivant l'organisation administrative de l'Etat, sa situation économique et commerciale et en émettant des considérations personnelles sur l'avenir réservé à cette vaste colonie.

**Emile Levasseur,** membre de l'Institut, professeur au Collège de France et au Conservatoire des Arts et Métiers. — *La France et ses Colonies* (géographie et statistique), 3 volumes. Paris 1890-1893. Librairie Charles Delagrave, 15, rue Soufflot.

Cet ouvrage considérable est une description complète et détaillée de la France et de ses colonies. L'auteur consacre les deux premiers volumes à l'étude du sol, du climat, de l'histoire de la politique, de la population, de l'administration, de l'agriculture, de la police, de l'industrie, des moyens de transport et du commerce; dans le troisième volume, il étudie l'Algérie et la Tunisie, les colonies et les pays du protectorat.

**J. Chailley-Bert.** — *L'impôt sur le revenu;* législation comparée et économie politique. Deuxième édition. 633 pages. Paris 1892. Librairie Guillaumin et Cie, rue Richelieu, 14.

M. Chailley-Bert, partisan de la réforme partielle du régime fiscal français, expose d'abord le système de l'*Income Tax* en Angleterre et l'impôt établi en Italie sur le revenu par la loi de 1864, pour en arriver à faire l'historique parlementaire de l'impôt sur le revenu en France et à exposer le moyen le plus pratique et le plus logique d'établir cet impôt dans son pays.

**Riebow.** — *Die deutsche Kolonial-Gesetzgebung, Sammlung der auf die deutschen Schutzgebiete bezüglichen Gesetze, Verordnungen, Erlasse und internationalen Vereinbarungen,* *mit Anmerkungen und Sachregister.* Berlin, 1893. Ernst Siegfried Mittler und Sohn. — 706 pages.

Cet ouvrage contient tous les documents officiels intéressant les territoires de protectorat allemand : les lois, ordonnances, décrets et actes internationaux d'une portée générale et ceux qui concernent l'organisation particulière de Cameroun, Togo, l'Est et l'Ouest africain, la Compagnie de Nouvelle-Guinée et les îles Marschall.

**Major W. L. de Petit,** chef de bataillon de l'armée hollandaise, chevalier de la Légion d'Honneur. — *La conquête de la Vallée d'Atchin par les Hollandais. Une page d'histoire coloniale contemporaine.* Un volume. 371 pages avec carte. Paris. Librairie militaire de L. Baudoin et Cie, 1891.

Dans cet ouvrage, écrit en français pour faire connaître à l'étranger l'histoire des démêlés de la Hollande avec l'empire d'Atchin, l'auteur fait le récit détaillé des opérations militaires qui ont amené l'occupation de la vallée d'Atchin par les Hollandais. Une introduction historique expose brièvement le passé de l'empire d'Atchin et ses relations avec les puissances occidentales, et nous met au courant des origines immédiates du conflit qui a donné lieu à la déclaration de guerre. L'auteur arrête ses observations à l'année 1876.

**Ed. Descamps,** protesseur à l'Université de Louvain, Sénateur, Membre de l'Académie Royale de Belgique. — *Les Offices Internationaux et leur avenir.* Brochure 104 pages. F. Hayez, imprimeur rue de Louvain, 112. Bruxelles, 1894.

L'auteur décrit dans cette brochure l'organisation de tous les services internationaux existant qui ont été créés dans ces dernières années en France, en Allemagne, en Belgique, en Suisse.

Il complète cette étude par quelques vues sur l'avenir de cette institution et sur les offices internationaux privés qu'il y aurait lieu d'encourager et de consolider.

**G. Verschuur.** — *Voyage aux Trois Guyanes et aux Antilles.* 1 vol. 367 pages. Paris, 1894. Librairie Hachette et Cie, 79, boulevard Saint-Germain.

M. Verschuur a fait récemment un voyage aux Antilles et aux Trois Guyanes qui relèvent respectivement de la France, de l'Angleterre et de la Hollande. L'intérêt que présente cet ouvrage réside principalement dans la comparaison que fait l'auteur des modes de gouvernement mis en œuvre par les trois puissances pour administrer des colonies qui se touchent et se trouvent dans des conditions topographiques et climatériques presque identiques ; si donc des succès ont été constatés dans les unes alors qu'on n'enregistrait que des mécomptes dans les autres, c'est que très probablement les règles d'administration étaient d'un côté bien comprises et de l'autre défectueuses.

**W. E. Retana.** — *Estadismo de las Islas Filipinas, ó mis viajes por este país por el padre Fr. Joaquín Martínez de Zuñiga, Agustino calzado.* — Publica esta obra por primera vez extensamente anotada W. E. Retana. — Deux volumes, 549 et 629 pages. 1893, Madrid.

Œuvre inédite du père Jacques Martin Zuñiga, datant du commencement de ce siècle, donnant une description détaillée des îles Philippines, au point de vue géographique, économique, ethnographique et politique, publiée pour la première fois par M. W. E. Retana, avec une préface, des notes, des tables et des appendices très détaillés.

**Antonio Maria Fabié.** — *Colección de Documentos inèditos relativos al descrubimiento, conquista y organización de las* *antiguas posesiones españolas de Ultramar*. Segunda serie publicada por la Real Academia de la Historia. Tomo núm. 5. — I. *De los documentos legislativos*. — Madrid, Est. Tipografico « Sucesores de Rivadeneyra », 1890. CXXIX-359 pages.

Quatre-vingt deux documents officiels relatifs aux colonies espagnoles d'Amérique, datant des années 1493-1511, publiés par l'Académie Royale d'Histoire de Madrid, avec une introduction historique de M. Antonio Maria Fabié, sénateur, ancien ministre des Colonies.

**Günther K. Anton**. — *Französiche Agrarpolitik in Algerien. Eine Kolonialpolitische Studie*. — 1 vol. 127 pp. — Leipzig, Verlag von Duncker und Humblot. 1893.

L'auteur, après avoir rapidement décrit l'Algérie géographique et ethnographique, en arrive aux deux points principaux de son étude : 1° la colonisation officielle par voie de vente et de concession; 2° la colonisation libre, et les efforts faits par les gouvernements successifs de la France pour substituer à la propriété foncière indigène, musulmane et indivise, le régime de la propriété privée française.

**Prof. B. J. Stokvis**. — *De invloed van tropische gewesten op den mensch, in verband met kolonisatie en gezondheid*. — Drie voordrachten gehouden in de Aula der Universiteit te Amsterdam, en uitgegeven door Dr Zeehuizen. — 1 vol. 114 pp., Haarlem, de erven F. Bohn. 1894.

Dans la première de ses trois conférences, le Dr Stokvis examine l'influence des climats tropicaux sur l'homme, et de cet examen il conclut que l'Européen sain, vigoureux, adulte, a, aux tropiques, une résistance vitale supérieure à celle de l'indigène dans les mêmes conditions. Dans la seconde, il conclut à la possibilité de faire réussir, dans la zone intertropicale, non seulement des établissements de commerce et d'exploitation, mais encore de véritables colonies, au sens propre du mot. Enfin, dans la troisième conférence, il examine les mesures hygiéniques qui s'imposent à l'Etat et à l'individu pour maintenir intacte la force de résistance vitale des Européens aux tropiques.

---

# ÉCHANGES

Publications de l'Union Coloniale Française :

*Notice sur l'Union Coloniale Française.*

1. *Conseils à ceux qui veulent s'établir aux Colonies.*

2. *L'Enregistrement et les Colonies. — Les pourvois en cassation et les décisions de la magistrature coloniale.*

3. *Le Régime colonial des Colonies Françaises.*

4. *Manuel d'hygiène coloniale.*

*Recueil consulaire*, publié par le ministère des Affaires Etrangères du royaume de Belgique.

*Bulletin de la Société Royale de Géographie de Bruxelles.*

*Bulletin de la Société Royale de Géographie d'Anvers.*

*Journal of the Royal Colonial Institute.* London.

*The Scottish Geographical Magazine.*

*Bulletin International des Douanes.* Organe de l'Union internationale pour la publication des tarifs douaniers.

*Bulletin officiel de l'Etat Indépendant du Congo.*

*Mouvement géographique.*

*Congo illustré.*

# TABLE DES MATIÈRES

www.ingramcontent.com/pod-product-compliance
Ingram Content Group UK Ltd.
Pitfield, Milton Keynes, MK11 3LW, UK
UKHW022130190726